DIESES BUCH GEHÖRT :

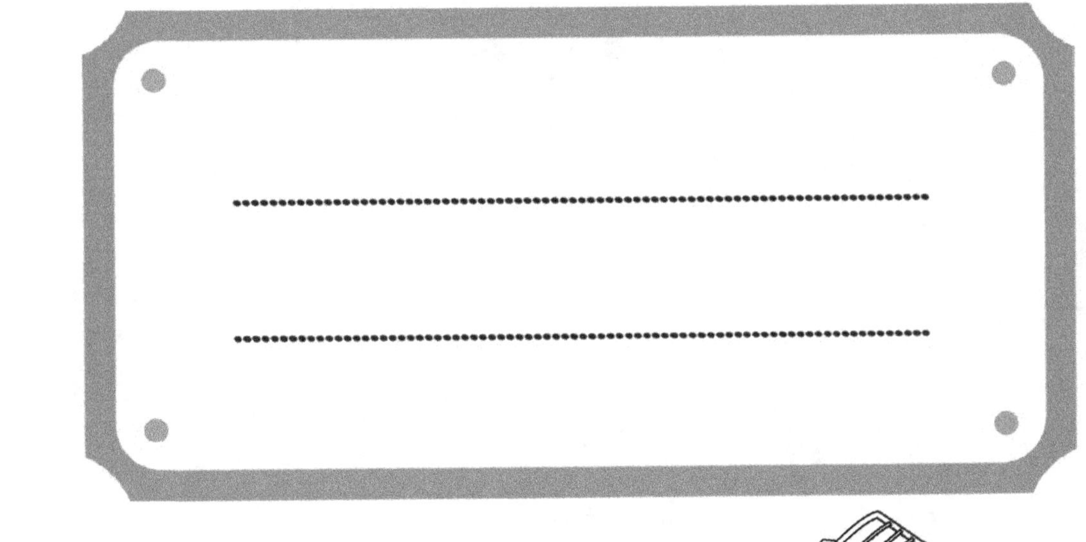

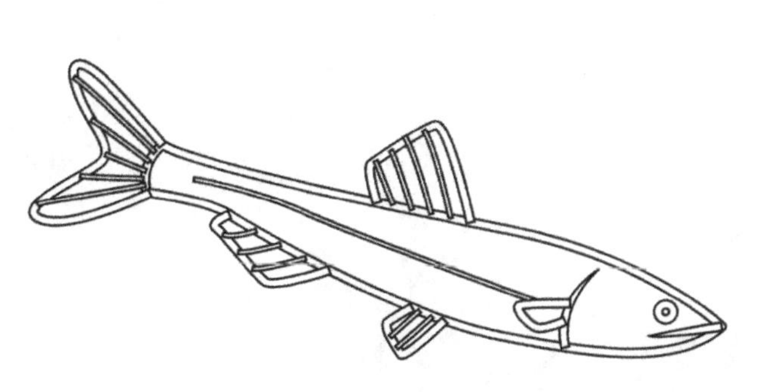

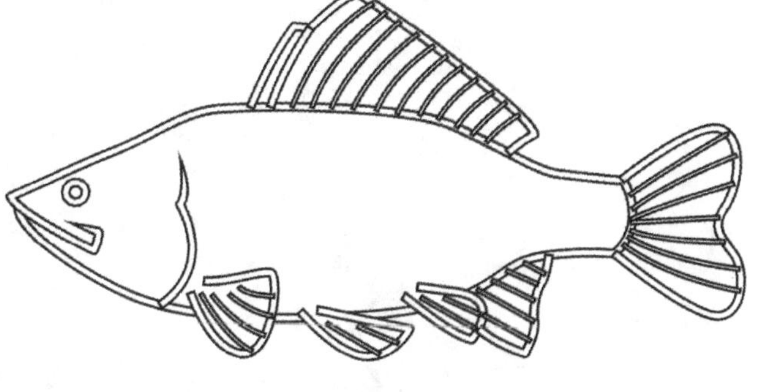

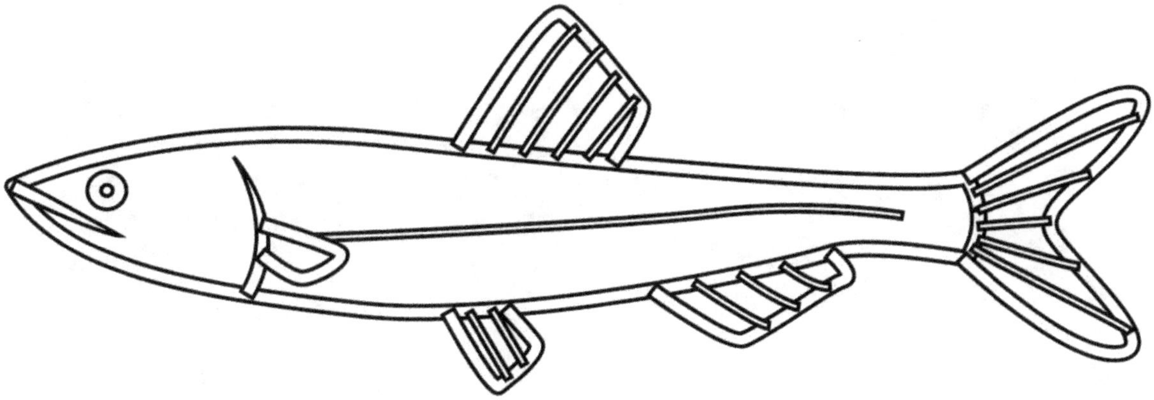

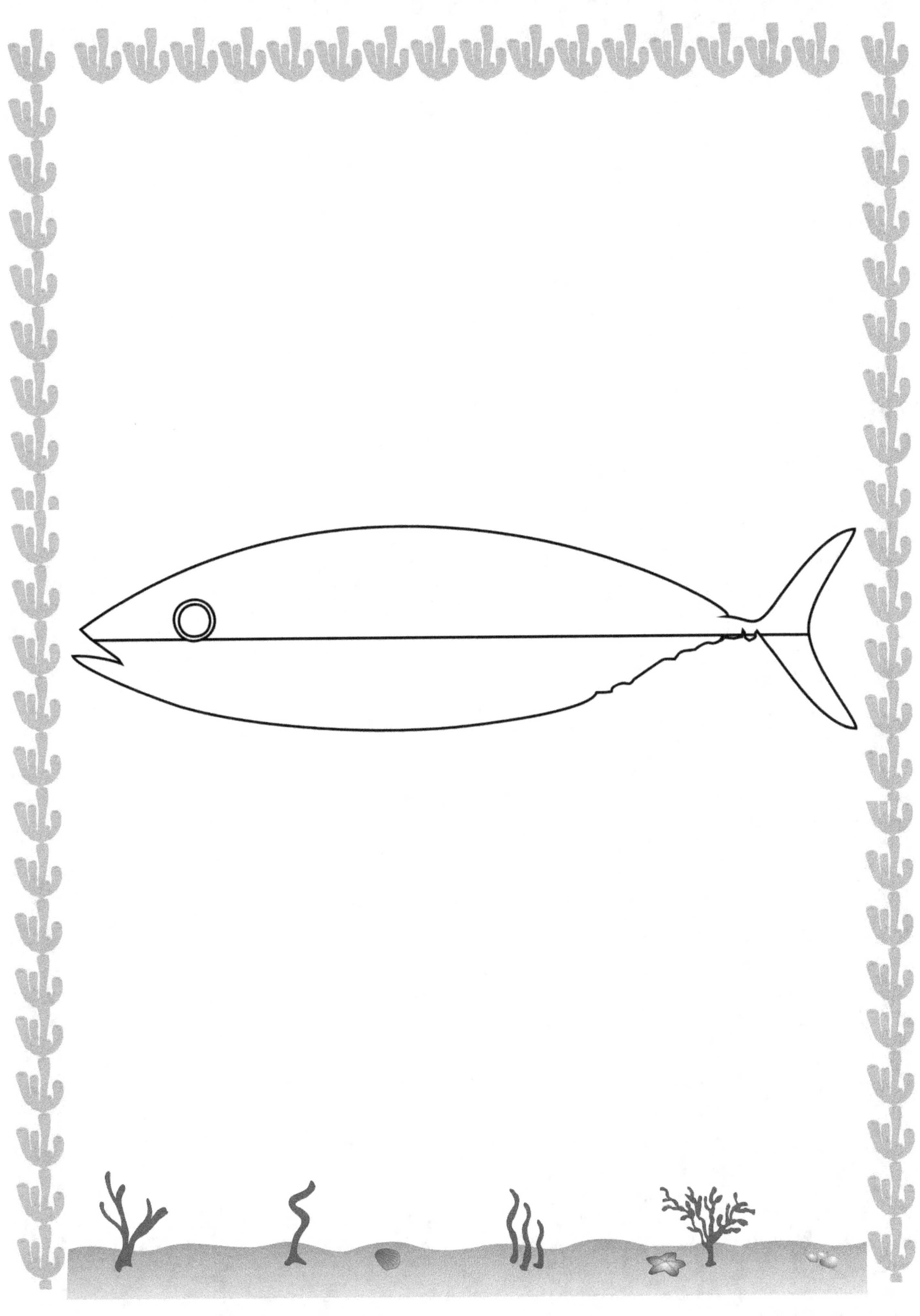

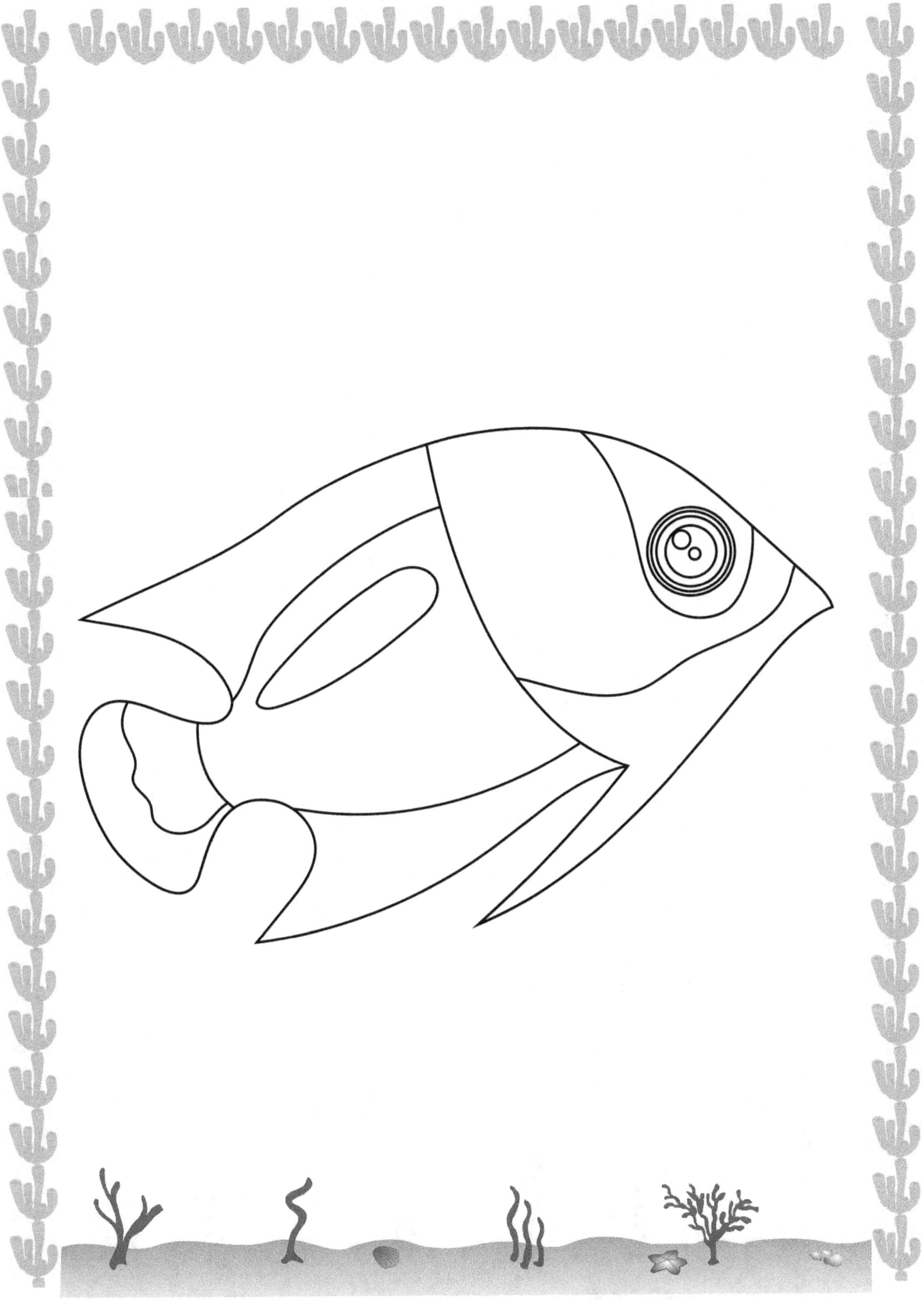